汉唐书局经典诵读文库

第一辑 第一册 上

我是朗读者

总主编　顾之川

执行总主编

江洪春

山东城市出版传媒集团·济南出版社

图书在版编目（CIP）数据

我是朗读者 . 第一册 . 上 / 江洪春主编 . –– 济南：
济南出版社 , 2017.8
ISBN 978–7–5488–2700–9

Ⅰ . ①我… Ⅱ . ①江… Ⅲ . ①阅读课 – 小学 – 课外读
物 Ⅳ . ① G624.233

中国版本图书馆 CIP 数据核字（2017）第 198098 号

> 　　因本书涉及作者较多，且时间仓促，尚有部分作者未能与其本人或
> 亲属取得联系，恳请有关作品版权所有者见书后，与山东城市出版传媒
> 集团·汉唐书局有限责任公司（0531—86131747、82709072）取得联
> 系，以便我们及时奉上稿酬及样书。

出 版 人　崔　刚
丛书策划　冀瑞雪
责任编辑　冀瑞雪　李廷婷
装帧设计　李海峰

出版发行　济南出版社
地　　址　山东省济南市二环南路1号（250002）
编辑热线　0531—86131747（编辑室）
发行热线　86131747　82709072　86131729　　86131728（发行部）
印　　刷　山东新华印刷厂潍坊厂
版　　次　2018 年 3 月第 1 版
印　　次　2018 年 3 月第 1 次印刷
成品尺寸　150 mm × 230 mm　16 开
印　　张　9
字　　数　60 千
印　　数　1–10000 册
定　　价　26.00 元

（济南版图书，如有印装错误，请与出版社联系调换。联系电话：0531–86131736）

总序言

顾之川

"推动全民阅读，构建书香社会"日益成为我国文化发展战略的重要组成部分，对于培育和践行社会主义核心价值观，提高国民思想道德素质和科学文化素质，建设社会主义文化强国，实现中华民族伟大复兴的中国梦具有重要意义。李克强总理在2017年《政府工作报告》中提出"大力推动全民阅读"，国务院法制办随即发布《全民阅读促进条例（征求意见稿）》，指出国家将采取措施，支持和引导促进未成年人健康成长相关作品的创作出版。全民阅读的基础在校园，构建书香社会首先就是要构建书香校园。为此，山东城市出版传媒集团汉唐书局有限责任公司组织策划了这套《我是朗读者》丛书，邀请一批高水平的语文教育专家精心结撰。现已初具规模，即将出版。作为丛书总主编，我闻之则喜，乐为此序。

读书是教育的常识。读书的形式有多种，有精读，有略读；有速读，有浏览；有朗读，有默读等。其中朗读是我国教育的优良传统之一，也是语文学习的一种重要途径。汉语具有很强的韵律感和节奏感，尤其是古代优秀诗文。通过朗读，我们可以与经典对话，与大家交流，感悟语言之美，体会节奏之韵，领略声调之味，品鉴诗文之境，从而积累和丰富语言，感受其艺术魅力，提高理解能力和审美素养。朗读还有助于培养对语言的直觉思维能力，是提高写作水平和口语表达能力的好办法。人们说"功夫靠练，文章靠念"。古人云："读书百遍，其义自见。""熟读唐诗三百首，不会吟诗也会吟。"《义务教育语文课程标准》（2011 年版）指出："各学段都要重视朗读训练。""要让学生在朗读中通过品味语言，体会作者及其作品中的情感态度，学习用恰当的语气语调朗读，表现自己对作者及其作品情感态度的理解。"这些都说明朗读在语文学习中的重要性。

语文学习关系着一个人的终身发展，社会语文素养的提高关系着国家的软实力和文化自信。对于中小学生来说，提高语文素养的主要途径，一是靠课堂有效教学，二是靠课外大量阅读，三是靠社会生活实践。语文学习不能只靠语文课本。要学好语文，课堂有效教学只是其中的一个方面，还必须伴以课外大量阅读，最好还能参与社会生活实践。无数经验证明，凡是语文学得好的学生，都是具有良好阅读习惯，都是在课外读了大量书的。学生书读得多了，自然会有自己的思考，把自己思考的成果说出来或写出来，就是口语交际和写作。所以，读书、思考和表达都是学好语文不可缺少的重要环节。关键是要引导学生激发阅读兴趣，掌握阅读方法，养成阅读习惯，感受书香魅力，这会让他们受益终生。

这套《我是朗读者》丛书精选适合朗读的古今中外文学经典作品，按照不同文体、时代和国别，分年级编写。每个年级分上、下两册，每册又按周编排，便于学生有计划有选择地朗读。小学 12 册，初中 6 册，高中 7 册，并配有著名朗诵艺术家的示范朗读。这就使这套书既能读，又能听，对提高广大中小学生的语文素养大有裨益。如果能让朗读伴随成长，成为一种习惯，一种生活方式，用文学的汁液滋润人生，相信一定能够充实自己，濡染身心，滋养情怀，修养人格，增加生命的厚度。

2017 年 8 月 27 日　序于南京秦淮河畔

目录

1. 小老鼠，上灯台

xiǎo lǎo shǔ　　shàng dēng tái
小 老 鼠 ， 上 灯 台 ，

tōu yóu hē　　xià bù lái
偷 油 喝 ， 下 不 来 。

jí de zī zī jiào nǎi nai
急 得 吱 吱 叫 奶 奶 ，

nǎi nai méi tīng jiàn
奶 奶 没 听 见 ，

jī li gū lū gǔn xià lái
叽 里 咕 噜 滚 下 来 。

◎ 伴我朗读

　　童谣是为儿童作的短诗，强调格律和韵脚，通常以口头形式流传。许多童谣都是根据古代仪式中的惯用语加工流传而来，或是以一些历史事件为题材加工而成。

2. 东西街

dōng xī jiē　　nán běi zǒu
东 西 街 ，　南 北 走 ，

chū mén kàn jiàn rén yǎo gǒu
出 门 看 见 人 咬 狗 ，

ná qǐ gǒu lái dǎ zhuān tóu
拿 起 狗 来 打 砖 头 ，

yòu pà zhuān tóu yǎo le shǒu
又 怕 砖 头 咬 了 手 。

◎ 伴我朗读

　　这是一首和现实生活的现象相反的儿歌，也叫作颠倒歌。狗咬人，颠倒成人咬狗；砖头打狗，颠倒成狗打砖头；狗咬手，变成砖头咬手。这种反常的写法充满童趣，读起来朗朗上口。

3. 雨儿雨儿下

yǔ er yǔ er xià
雨 儿 雨 儿 下 ，

zhuāng jia xiào hā hā
庄 稼 笑 哈 哈 。

mài zi zhǎng gāo le
麦 子 长 高 了 ，

mài lì quán tóu dà
麦 粒 拳 头 大 。

mó le miàn yòng chē lā
磨 了 面 ， 用 车 拉 ，

lào gè yóu bǐng chē gū lu dà
烙 个 油 饼 车 轱 辘 大 。

◎ **伴我朗读**

　　这首童谣以充满童真童趣的文字，描绘了下雨时麦田里的场景。语言节奏欢快，充满趣味。

4. 小杏树

xiǎo xìng shù dā la zhī
小 杏 树 ， 夯 拉 枝 ，

dǐng shàng zuò zhe xiǎo bái nī
顶 上 坐 着 小 白 妮 。

yào chī táo táo yǒu máo
要 吃 桃 ， 桃 有 毛 ，

yào chī xìng xìng yòu suān
要 吃 杏 ， 杏 又 酸 ，

chī gè lì zi yì bāo miàn
吃 个 栗 子 一 包 面 ，

chī gè hé tao shàng xī shān
吃 个 核 桃 上 西 山 。

◎ 伴我朗读

这首童谣三字一顿，生动有趣，非常易于孩子记忆，读来朗朗上口。

5. 小巴狗

xiǎo bā gǒu　　bā er bā
小 巴 狗 ，叭 儿 叭 ，

nǐ zài jiā lǐ kàn zhe jiā
你 在 家 里 看 着 家 ，

wǒ shàng nán yuán qù zhāi guā
我 上 南 园 去 摘 瓜 。

yí gè guā er méi zhāi dào
一 个 瓜 儿 没 摘 到 ，

bā gǒu jí de wāng wāng jiào
巴 狗 急 得 汪 汪 叫 。

◎ 伴我朗读

　　"小巴狗"是童谣中经常出现的小动物形象，作者赋予小巴狗人的语言、动作、神态，生动形象地表现了小巴狗活泼可爱的特点。

6. 五指歌

yī èr sān sì wǔ　　shàng shān dǎ lǎo hǔ
一 二 三 四 五，上 山 打 老 虎，

lǎo hǔ méi dǎ dào　　dǎ dào xiǎo sōng shǔ
老 虎 没 打 到，打 到 小 松 鼠。

sōng shǔ yǒu jǐ zhī　　ràng wǒ shǔ yì shǔ
松 鼠 有 几 只？ 让 我 数 一 数，

yī èr sān sì wǔ　　wǔ zhī xiǎo sōng shǔ
一 二 三 四 五，五 只 小 松 鼠。

◎ 伴我朗读

　　《五指歌》是一首流传很广的儿歌，伴随着许多人长大。儿歌以"一二三四五"开头，又以"一二三四五"结尾，首尾呼应，生动有趣。

7. 褡裢儿搭

dā lian er dā
褡 裢 儿 搭 ，

wǒ hé dā lian er zuò qìng jia
我 和 褡 裢 儿 做 亲 家 。

qìng jia de gū niang huì shū tóu
亲 家 的 姑 娘 会 梳 头 ，

yì shū shū dào mài zi shú
一 梳 梳 到 麦 子 熟 。

mài zi mó chéng miàn
麦 子 磨 成 面 ，

zhī ma mó chéng yóu
芝 麻 磨 成 油 ，

huáng guā shàng le jià
黄 瓜 上 了 架 ，

qié zi dǎ dī liū er
茄 子 打 滴 溜 儿 。

◎ **伴我朗读**

褡裢是过去我国民间长期使用的一种布口袋，通常用很结实的家机布制成，里面可以放纸、笔、墨盒、信封、印章……过去的商人或账房先生外出时，总是将它搭在肩上，空出两手方便行动。

8. 八只老鼠抬花轿

八只老鼠抬花轿，

四只老鼠来吹号，

两只老鼠放鞭炮，

"噼里啪啦"真热闹。

老猫上前来贺喜，

一口一个全吃掉！

◎ 伴我朗读

　　老鼠娶亲，排场很大：抬花轿，放鞭炮，吹着号。老鼠和猫是天敌，老猫来贺喜，真的可能吗？原来老猫借着来贺喜吃掉了老鼠。

9. 马兰花

mǎ lán huā　　kāi lù páng
马 兰 花 ， 开 路 旁 ，

wǒ bēi zhú kuāng fàng mián yáng
我 背 竹 筐 放 绵 羊 。

mǎ lán huā　　yè zi cháng
马 兰 花 ， 叶 子 长 ，

wǒ cǎi mǎ lán wèi xiǎo yáng
我 采 马 兰 喂 小 羊 。

mǎ lán tián　　mǎ lán xiāng
马 兰 甜 ， 马 兰 香 ，

xiǎo yáng chī le bù zhǎo niáng
小 羊 吃 了 不 找 娘 。

mǎ lán lù　　mǎ lán huáng
马 兰 绿 ， 马 兰 黄 ，

qiū tiān xiǎo yáng biàn dà yáng
秋 天 小 羊 变 大 羊 ！

◎ 伴我朗读

　　马兰花又叫马蔺，须根稠密发达，呈伞状分布，多生长于荒地、路旁、山坡草地上。

10. 泥 蛋

泥蛋，泥蛋，搓搓，

里头住个哥哥；

哥哥出来打铁，

里头住个姐姐；

姐姐出来梳头，

里头住个孙猴；

孙猴出来点灯，

烧了鼻子眼睛。

伴我朗读

　　和泥巴、团泥蛋、捏泥巴，是孩子们小时候最爱玩的游戏。一团团泥巴，在灵巧的手中变成一个个惟妙惟肖的泥塑作品。

11. 自己的事情自己做

tài yáng gōng gong mī mī xiào
太 阳 公 公 眯 眯 笑 ，

nào zhōng cuī wǒ bié chí dào
闹 钟 催 我 别 迟 到 。

xiǎo yī kòu　　zì jǐ kòu
小 衣 扣 ， 自 己 扣 ，

xiǎo liǎn dàn　　zì jǐ xǐ
小 脸 蛋 ， 自 己 洗 ，

dà jiā kuā wǒ hǎo bǎo bao
大 家 夸 我 好 宝 宝 。

◎ 伴我朗读

　　这首儿歌语言浅显易懂，读来朗朗上口，并教给小朋友自己的事情自己做的道理。

12. 胆小鬼

小小乌龟铁甲背，
xiǎo xiǎo wū guī tiě jiǎ bēi

会走路来能游水。
huì zǒu lù lái néng yóu shuǐ

见谁都往壳里躲，
jiàn shuí dōu wǎng ké lǐ duǒ

哈哈！身穿铁甲衣，
hā hā shēn chuān tiě jiǎ yī

却是胆小鬼。
què shì dǎn xiǎo guǐ

◎ **伴我朗读**

　　作者把小乌龟的外壳比作"铁甲衣"，给人以神气威武之感。可小乌龟天性胆小，见谁都往壳里躲，即使有了"铁甲衣"，也没有改变胆小的性格。

13. 小纽扣

xiǎo niǔ kòu　　bĕn lǐng dà
小 纽 扣 ， 本 领 大 ，

chuān yī dài mào yào kào tā
穿 衣 戴 帽 要 靠 它 。

xiōng dì jiě mèi zhàn yì pái
兄 弟 姐 妹 站 一 排 ，

qiān wàn bù néng diào xià lái
千 万 不 能 掉 下 来 。

diào xià lái　　shí qǐ lái
掉 下 来 ， 拾 起 来 ，

féng feng hǎo　　zhuài yí zhuài
缝 缝 好 ， 拽 一 拽 。

◎ 伴我朗读

　　这首儿歌赋予纽扣人的形象，拟人化手法的运用给人亲切温馨的
感觉；赋予纽扣人的本领，惟妙惟肖地表现出纽扣的作用。

14. 小猫学钓鱼

xiǎo huā māo ài chī yú
小 花 猫 ， 爱 吃 鱼 ，

mǎi lái yú gān xué diào yú
买 来 鱼 竿 学 钓 鱼 。

zhè biān guàng yí guàng
这 边 逛 一 逛 ，

nà biān qiáo yì qiáo
那 边 瞧 一 瞧 。

zhí dào tài yáng xià le shān
直 到 太 阳 下 了 山 ，

yú lǒu kōng kōng huí jiā qù
鱼 篓 空 空 回 家 去 。

◎ 伴我朗读

　　小猫学钓鱼，一会这儿逛逛，一会那儿瞧瞧，做事一点儿也不专心。直到太阳公公下山了，小猫也没有钓到鱼。这个故事告诉我们：学本领，做事情，一定要专心致志，集中注意力，千万不能三心二意。

15. 雨来了

yǔ lái le　　yǔ lái le
雨 来 了 ， 雨 来 了 ！

dà jiā jí máng pǎo huí jiā
大 家 急 忙 跑 回 家 。

xiǎo wō niú　　shuō bú pà
小 蜗 牛 ， 说 不 怕 ，

fáng zi bèi wǒ bēi lái la
房 子 被 我 背 来 啦 ！

xiǎo mó gu　　yě bú pà
小 蘑 菇 ， 也 不 怕 ，

yì bǎ xiǎo sǎn jiù gòu la
一 把 小 伞 就 够 啦 ！

◎ **伴我朗读**

　　这首儿歌描写了下雨时大自然中的蜗牛和蘑菇的样子：蜗牛背着自己的壳，下雨时可以躲在壳里；蘑菇的外形好像一把小伞，可以挡风遮雨。这首儿歌运用比喻的手法，将蜗牛和蘑菇描绘得形象传神。

16. 采蘑菇

hēi tù hé bái tù
黑 兔 和 白 兔 ，

shàng shān cǎi mó gu
上 山 采 蘑 菇 ，

xiǎo hóu hé xiǎo lù
小 猴 和 小 鹿 ，

yì qí lái bāng zhù
一 齐 来 帮 助 ，

hóu hé tù tù hé lù
猴 和 兔 ， 兔 和 鹿 ，

gāo gāo xìng xìng cǎi mó gu
高 高 兴 兴 采 蘑 菇 。

◎ 伴我朗读

　　小黑兔、小白兔、小猴和小鹿是好朋友。小兔喜欢吃蘑菇，它们的好朋友小猴和小鹿帮助它们采蘑菇。这个故事让我们懂得：大家团结友爱、互帮互助做事，是一件很开心的事情。

17. 补皮鼓

qiáng shàng yì zhī gǔ
墙 上 一 只 鼓 ，

gǔ shàng huà zhī hǔ
鼓 上 画 只 虎 。

lǎo shǔ yǎo pò gǔ
老 鼠 咬 破 鼓 ，

ná kuài bù lái bǔ
拿 块 布 来 补 ，

bù zhī shì
不 知 是 ，

bù bǔ hǔ hái shì bù bǔ gǔ
布 补 虎 还 是 布 补 鼓 。

◎ **伴我朗读**

　　小老鼠爱咬东西，喜欢搞破坏。这一次，它把墙上的鼓咬破了。鼓上画着一只老虎，正好被老鼠咬破了。这可怎么办呢？赶快拿布补上鼓和鼓上画着的老虎吧！

18. 阿牛放牛

yǒu gè hái zi jiào ā niú
有 个 孩 子 叫 阿 牛 ，

ā niú shàng shān fàng lǎo niú
阿 牛 上 山 放 老 牛 ，

lǎo niú mōu mōu jiào ā niú
老 牛 哞 哞 叫 阿 牛 ，

ā niú huí jiā qí lǎo niú
阿 牛 回 家 骑 老 牛 。

◎ 伴我朗读

　　阿牛和老牛天天在一起，相互之间有着很深的感情。老牛哞哞地叫着阿牛，好像在说："阿牛，快骑到我的背上来，我们要回家了。"

19. 布谷鸟

bù gǔ niǎo
布 谷 鸟 ，

jiào bù gǔ
叫 布 谷 ，

bù gǔ bù gǔ
布 谷 布 谷 ，

máng máng lù lù
忙 忙 碌 碌 ，

gǎn kuài bù gǔ
赶 快 布 谷 。

◎ **伴我朗读**

　　布谷鸟生活在大森林里，清晨醒来就"布谷，布谷"地叫不停，欢快地在林中歌唱、捉虫。

20. 吃菱角

chī líng jiao　　bāo líng ké
吃 菱 角 ， 剥 菱 壳 ，

líng jiao diū zài běi bì jiǎo
菱 角 丢 在 北 壁 角 。

bù chī líng jiao bù bāo ké
不 吃 菱 角 不 剥 壳 ，

líng jiao bù diū běi bì jiǎo
菱 角 不 丢 北 壁 角 。

伴我朗读

　　菱角大多生长在我国南方的湖水中，每年8月份左右成熟。菱角藤长着绿叶子，叶子形状为菱形；果实有尖锐的角，故称菱角儿。

21. 嘀嘀哒

xiǎo qiān niú，pá gāo lóu
小 牛 牛 ，爬 高 楼 。

gāo lóu gāo，pá shù shāo
高 楼 高 ，爬 树 梢 。

shù shāo cháng，pá xī qiáng
树 梢 长 ，爬 西 墙 。

xī qiáng huá，pá lí ba
西 墙 滑 ，爬 篱 笆 ，

lí ba jiān，bù gǎn pá
篱 笆 尖 ，不 敢 爬 ，

lài zài dì shàng chuī lǎ ba
赖 在 地 上 吹 喇 叭 ，

dī dī dā！dī dī dā！
嘀 嘀 哒 ！嘀 嘀 哒 ！

◎ **伴我朗读**

　　这首儿歌用拟人的手法把牵牛花比作调皮的小孩子，爬上高楼、树梢、西墙和篱笆，生动形象地写出了牵牛花的茎、叶努力向上攀爬的特点。

22. 小脚丫

xiǎo jiǎo yā　　zǒu sì fāng
小 脚 丫 ，走 四 方 ，

zǒu dào dōng hǎi zhuō xiā xiè
走 到 东 海 捉 虾 蟹 ；

xiā er dà　　xiè er féi
虾 儿 大 ，蟹 儿 肥 ，

hǎi xiān shí pǐn yíng yǎng gāo
海 鲜 食 品 营 养 高 。

xiǎo jiǎo yā　　zǒu sì fāng
小 脚 丫 ，走 四 方 ，

zǒu dào tiān shān zhāi xuě lián
走 到 天 山 摘 雪 莲 ；

tiān shān gāo　　bīng xuě hán
天 山 高 ，冰 雪 寒 ，

nán bù dǎo wǒ xiǎo jiǎo yā
难 不 倒 我 小 脚 丫 。

◎ **伴我朗读**

　　这首儿歌中的"小脚丫"指的是小朋友，小朋友来到大海边捉虾蟹、吃海鲜，走到天山摘雪莲。祖国各地物产丰富，小朋友无论走到祖国的哪个地方，都会充满快乐。

22

23. 新年到

xīn nián dào，xīn nián dào，
新 年 到 ， 新 年 到 ，

chuān huā yī，dài xīn mào，
穿 花 衣 ， 戴 新 帽 ，

bāo jiǎo zi，chī nián gāo，
包 饺 子 ， 吃 年 糕 ，

wǔ lóng dēng，cǎi gāo qiāo，
舞 龙 灯 ， 踩 高 跷 ，

pī li pā lā fàng biān pào。
噼 里 啪 啦 放 鞭 炮 。

nǎi nai lè de hé bù lǒng zuǐ，
奶 奶 乐 得 合 不 拢 嘴 ，

yé ye kàn zhe mī mī xiào。
爷 爷 看 着 眯 眯 笑 。

◎ 伴我朗读

　　这首儿歌描写了我国传统节日——春节的很多习俗，有穿花衣、戴新帽、包饺子、吃年糕、舞龙灯、踩高跷、放鞭炮……这么多的民俗，使春节变得更加喜气洋洋。

24. 小狗盖房

小狗狗，盖新房，
朋友们，来帮忙，
你也忙，我也忙，
很快盖成一间房。
小狗绕房转了转，
咦？咦？
叫我怎么进？
没有门和窗！

◎ 伴我朗读

　　小狗在朋友们的帮助下，很快就盖成了一座新房子，可是新房子没有门和窗，没法住。这个故事告诉我们：做事不能马虎，一定要认真地想好再做。

25. 我们都是好朋友

xiǎo niǎo er   chéng qún fēi
小 鸟 儿 ， 成 群 飞 。

xiǎo yú er   chéng qún yóu
小 鱼 儿 ， 成 群 游 。

xiǎo péng you   shǒu lā shǒu
小 朋 友 ， 手 拉 手 ，

pái chéng duì wu xiàng qián zǒu
排 成 队 伍 向 前 走 。

chàng zhe gē   pāi zhe shǒu
唱 着 歌 ， 拍 着 手 ，

wǒ men dōu shì hǎo péng you
我 们 都 是 好 朋 友 。

◎ 伴我朗读

　　天空中一群群小鸟在飞翔，河水中一群群小鱼在游泳，小朋友们在一起排着整齐的队伍，一边唱歌一边拍手。这篇文章让我们懂得，有小伙伴的陪伴是一件幸福的事情。

26. 五岁咏花

〔唐〕陈知玄

huā kāi mǎn shù hóng
花 开 满 树 红 ，

huā luò wàn zhī kōng
花 落 万 枝 空 。

wéi yú yì duǒ zài
惟 余 一 朵 在 ，

míng rì dìng suí fēng
明 日 定 随 风 。

◎ 伴我朗读

　　花儿开了，满树一片通红；花儿落了，所有的树枝都变得空空荡荡的。只剩下那一朵花儿还开在树上，明天它也一定会随风飘落的。

27. 古朗月行（节选）

〔唐〕李 白

<ruby>小<rt>xiǎo</rt></ruby> <ruby>时<rt>shí</rt></ruby> <ruby>不<rt>bù</rt></ruby> <ruby>识<rt>shí</rt></ruby> <ruby>月<rt>yuè</rt></ruby>，

<ruby>呼<rt>hū</rt></ruby> <ruby>作<rt>zuò</rt></ruby> <ruby>白<rt>bái</rt></ruby> <ruby>玉<rt>yù</rt></ruby> <ruby>盘<rt>pán</rt></ruby>。

<ruby>又<rt>yòu</rt></ruby> <ruby>疑<rt>yí</rt></ruby> <ruby>瑶<rt>yáo</rt></ruby> <ruby>台<rt>tái</rt></ruby> <ruby>镜<rt>jìng</rt></ruby>，

<ruby>飞<rt>fēi</rt></ruby> <ruby>在<rt>zài</rt></ruby> <ruby>青<rt>qīng</rt></ruby> <ruby>云<rt>yún</rt></ruby> <ruby>端<rt>duān</rt></ruby>。

◎ 伴我朗读

　　（我）小的时候不认识月亮，把它叫作白玉盘。可是，（我）又怀疑它是瑶台仙人的明镜飞到了天上。

28. 相 思

〔唐〕王 维

hóng dòu shēng nán guó
红 豆 生 南 国 ，

chūn lái fā jǐ zhī
春 来 发 几 枝 ？

yuàn jūn duō cǎi xié
愿 君 多 采 撷 ，

cǐ wù zuì xiāng sī
此 物 最 相 思 。

◎ 伴我朗读

　　红豆树生长在南方，春天到了它将生长出多少新枝呢？希望你多
采摘一些红豆，它最能够引起人们的思念之情。

29. 偶 步

〔清〕袁 枚

ǒu bù xī láng xià
偶 步 西 廊 下 ，

yōu lán yì duǒ kāi
幽 兰 一 朵 开 。

shì shuí xiān bào xìn
是 谁 先 报 信 ？

biàn yǒu mì fēng lái
便 有 蜜 蜂 来 。

◎ **伴我朗读**

　　偶尔来西边的走廊下散步，看到一朵兰花静静地开放着。是谁先把花开的消息传出去的呢？不然怎么会有蜜蜂比我早来。

29

30. 日月星

<ruby>日<rt>rì</rt></ruby> <ruby>则<rt>zé</rt></ruby> <ruby>有<rt>yǒu</rt></ruby> <ruby>日<rt>rì</rt></ruby>，

<ruby>夜<rt>yè</rt></ruby> <ruby>则<rt>zé</rt></ruby> <ruby>有<rt>yǒu</rt></ruby> <ruby>月<rt>yuè</rt></ruby>，

<ruby>夜<rt>yè</rt></ruby> <ruby>又<rt>yòu</rt></ruby> <ruby>有<rt>yǒu</rt></ruby> <ruby>星<rt>xīng</rt></ruby>。

<ruby>三<rt>sān</rt></ruby> <ruby>者<rt>zhě</rt></ruby> <ruby>之<rt>zhī</rt></ruby> <ruby>中<rt>zhōng</rt></ruby>，

<ruby>日<rt>rì</rt></ruby> <ruby>最<rt>zuì</rt></ruby> <ruby>明<rt>míng</rt></ruby>，

<ruby>月<rt>yuè</rt></ruby> <ruby>次<rt>cì</rt></ruby> <ruby>之<rt>zhī</rt></ruby>，

<ruby>星<rt>xīng</rt></ruby> <ruby>又<rt>yòu</rt></ruby> <ruby>次<rt>cì</rt></ruby> <ruby>之<rt>zhī</rt></ruby>。

◎ 伴我朗读

　　白天，天上有太阳。晚上，天上有月亮，还有星星。在三者之中，太阳最亮，月亮列第二位，星星的亮度比它们都要弱一些。

31. 风

〔唐〕李　峤

解落三秋叶，
jiě luò sān qiū yè

能开二月花。
néng kāi èr yuè huā

过江千尺浪，
guò jiāng qiān chǐ làng

入竹万竿斜。
rù zhú wàn gān xié

◎ **伴我朗读**

　　（风）能吹落秋天的树叶，能吹开春天的鲜花。（风）刮过江面能掀起千尺巨浪，吹进竹林能使万竿倾斜。

32. 江 南

汉乐府

jiāng nán kě cǎi lián
江 南 可 采 莲，
lián yè hé tián tián
莲 叶 何 田 田！
yú xì lián yè jiān
鱼 戏 莲 叶 间。
yú xì lián yè dōng
鱼 戏 莲 叶 东，
yú xì lián yè xī
鱼 戏 莲 叶 西，
yú xì lián yè nán
鱼 戏 莲 叶 南，
yú xì lián yè běi
鱼 戏 莲 叶 北。

◎ 伴我朗读

　　江南水上可以采莲，莲叶多么茂盛！鱼儿在莲叶间嬉戏，鱼儿一会儿在这儿，一会儿又移到那儿，说不清究竟是在东边还是在西边，是在南边还是在北边。

33. 登鹳雀楼

〔唐〕王之涣

bái rì yī shān jìn
白 日 依 山 尽 ，

huáng hé rù hǎi liú
黄 河 入 海 流 。

yù qióng qiān lǐ mù
欲 穷 千 里 目 ，

gèng shàng yì céng lóu
更 上 一 层 楼 。

◎ 伴我朗读

　　太阳依傍着西山渐渐落下，黄河向着大海汹涌奔流。如果想把千里风景看个够，请再登上更高的一层楼。

34. 惜 时

无名氏

sān chūn huā shì hǎo
三 春 花 事 好，

wéi xué xū jí zǎo
为 学 须 及 早。

huā kāi yǒu luò shí
花 开 有 落 时，

rén shēng róng yì lǎo
人 生 容 易 老。

◎ 伴我朗读

　　春天是百花盛开的时节，人也应该趁着年轻的时候多学习。花有开时就有落时，人也是容易衰老的。如果小时候不抓紧时间学习，到老了再想学习就不容易了。

35. 蜘蛛结网

蜘蛛在檐下结网，既成。一蜻蜓飞过，误触网中。小儿见之，持竿挑网，网破，蜻蜓飞去。

一只蜘蛛在屋檐下结网，网已经结好了。一只蜻蜓飞过，不小心撞到了网上，动弹不得。小孩儿看见了，手拿竹竿把网挑破，蜻蜓就飞走了。

36. 秋风引

〔唐〕刘禹锡

hé chù qiū fēng zhì
何 处 秋 风 至 ？

xiāo xiāo sòng yàn qún
萧 萧 送 雁 群 。

zhāo lái rù tíng shù
朝 来 入 庭 树 ，

gū kè zuì xiān wén
孤 客 最 先 闻 。

◎ 伴我朗读

　　秋风啊秋风，你是从哪里来的？在你呼呼吹起的时候，一群群大雁就朝南方飞去了。天刚刚亮，你把园子里的树摇得哗哗作响，谁最早听到呢？那就是我这个孤零零睡不着觉的远方客人。

37. 绝句

〔唐〕杜甫

chí rì jiāng shān lì
迟 日 江 山 丽 ，

chūn fēng huā cǎo xiāng
春 风 花 草 香 。

ní róng fēi yàn zi
泥 融 飞 燕 子 ，

shā nuǎn shuì yuān yāng
沙 暖 睡 鸳 鸯 。

◎ **伴我朗读**

　　春天的阳光普照大地，山河一片秀丽景象，春风送来花草的芳香。冻土融化，土地湿润，燕子衔着湿泥忙筑巢；日丽沙暖，鸳鸯在溪边的沙洲上静睡不动。

38. 遗爱寺

〔唐〕白居易

nòng shí lín xī zuò
弄 石 临 溪 坐 ，

xún huā rào sì xíng
寻 花 绕 寺 行 。

shí shí wén niǎo yǔ
时 时 闻 鸟 语 ，

chù chù shì quán shēng
处 处 是 泉 声 。

◎ 伴我朗读

　　（我）手里玩赏着彩石，面对着潺潺的溪水观赏。为了赏花，（我）绕着寺旁那弯弯的小路行走。不时听到小鸟在婉转歌唱，泉水叮咚作响。

39. 京师得家书

〔明〕袁 凯

jiāng shuǐ sān qiān lǐ
江 水 三 千 里 ，

jiā shū shí wǔ háng
家 书 十 五 行 。

háng háng wú bié yǔ
行 行 无 别 语 ，

zhǐ dào zǎo huán xiāng
只 道 早 还 乡 。

◎ 伴我朗读

　　江水奔流三千里，我在这千里之外的京城收到了家人的来信。拆开信一看，信上只写了十五行字，而且行行没有别的话语，只是要我早点回家乡。

40. 菊

jú huā shèng kāi　　qīng xiāng sì yì　　qí bàn rú
菊 花 盛 开，清 香 四 溢。其 瓣 如

sī　　rú zhǎo　　qí sè huò huáng　　huò bái　　huò zhě
丝，如 爪。其 色 或 黄，或 白，或 赭，

huò hóng　　zhǒng lèi fán duō　　xìng nài hán　　yán shuāng jì
或 红，种 类 繁 多。性 耐 寒，严 霜 既

jiàng　　bǎi huā líng luò　　wéi jú dú shèng
降，百 花 零 落，惟 菊 独 盛。

◎ 伴我朗读

　　菊花盛开的时候，香气四处飘溢。它的花瓣呈丝状，或是爪状。它的颜色有黄、白、赭、红等，种类很多。它天生不怕寒冷，严霜来临的时候，其他花都凋零了，只有菊花开得最为茂盛。

41. 剪纸的日子

林海音

一张张四四方方彩色的电光纸，对折，对折，再对折，小小的剪子在上面运转自如地剪起各种花样。剪好了，打开来，心中真是高兴，又是一张创作，图案真美，自己欣赏好一阵子，夹在一本爸爸的厚厚的洋书里。

剪纸，并不是小学里的剪贴课，而是北方小姑娘的艺术生活之一。有时我们几个小女孩各拿了自己的一

duī sè zhǐ   còu zài yì qǐ jiǎn   hù xiāng xīn shǎng
堆色纸，凑在一起剪，互相欣赏，

shí fēn xīn yuè
十分心悦。

děng dào zhǎng dà xiē   rú guǒ jiā zhōng yǒu le xǐ qìng
等到长大些，如果家中有了喜庆

zhī shì   xiàng yé ye de shēng rì   gē ge qǔ sǎo zi
之事，像爷爷的生日，哥哥娶嫂子，

dào chù dōu yào tiē shòu zì   shuāng xǐ zì   wǒ men jiù
到处都要贴寿字、双喜字，我们就

qiǎng bù jí de bāng zhe jiǎn   zhè shí yǒu chuàng yì de yì
抢不及地帮着剪，这时有创意的艺

shù zì   jiù kě yǐ chū xiàn le
术字，就可以出现了。

◎ 伴我朗读

　　作者用轻松的笔调，写了自己儿时的剪纸生活，充分表达出当时"穷开心过日子"的生活实况，表现了作者童年的快乐。

42. 海星

陆 蠡

孩子手里捧着一个贝壳，一心要摘取满贝的星星，一半给他亲爱的哥哥，一半给他慈蔼的母亲。

他看见星星在对面的小丘上，便兴高采烈地跑到小丘的高顶。

原来星星不在这儿，还要跑路一程。于是孩子又跑到另一山巅，星星又好像近在海边。

孩子爱他的哥哥，爱他的母亲，

他一心要摘取满贝的星星，献给他的哥哥，献给他的母亲。

海边的风有点峭冷。海的外面无路可以追寻。孩子捧着空的贝壳，眼泪点点滴入海中。

第二天，人们发现了手中捧着贝壳的孩子的冰冷的身体。

第二夜，人们看见海中无数的星星。

◎ 伴我朗读

　　一个孩子手里捧着贝壳，想去摘大海里的星星，送给哥哥和母亲。孩子这个简单的愿望却是以付出幼小的生命为代价的，可见这个愿望是崇高与无私的。孩子为了梦想而付出了生命，他是值得敬佩的。

43. 一只小鸟

冰 心

有一只小鸟，它的巢搭在最高的枝子上，它的毛羽还未曾丰满，不能远飞；每日只在巢里啁啾着，和两只老鸟说着话儿，它们都觉得非常的快乐。

这一天早晨，它醒了。那两只老鸟都觅食去了。它探出头来一望，看见那灿烂的阳光，葱绿的树木，大地上一片的好景致；它的小脑子里忽然充满了新意，抖刷抖刷翎毛，飞到枝子上，放出那赞美"自然"的歌声来。它的声音里满含着清—轻—和—美，唱的时候，好像"自然"也含笑着倾听一般。

树下有许多的小孩子，听见了那歌声，都抬起头来望着——

这小鸟天天出来歌唱，小孩子们也天天来听它，最后他们便想捉住它。

它又出来了！它正要发声，忽然嗤的一声，一个弹子从下面射来，它一翻身从树上跌下

去。斜刺里两只老鸟箭也似的

飞来，接住了它，衔上巢去。

它的血从树隙里一滴一滴地落

到地上来。

　　从此那歌声便消歇了。

　　那些孩子想要仰望着它，听它的

歌声，却不能了。

◎ **伴我朗读**

　　作者用柔美的笔触写了一只羽翼未丰的小鸟每天在树枝上唱歌，却被孩子们用弹子打中了。两只老鸟接住小鸟，并把它带回了巢中，从此孩子们再也没有听到小鸟的歌声。这个故事告诉我们：要爱护鸟类，善待自然界的小动物。

44. 小城三月（节选）

萧　红

草和牛粪都横在道上，放散着强烈的气味，远远的有用石子打船的声音，空空……的大响传来。

河冰发了，冰块顶着冰块，苦闷地又奔放地向下流。乌鸦站在冰块上寻觅小鱼吃，或者是还在冬眠的青蛙。

天气突然地热起来，说是"二八月，小阳春"，自然冷天气还是要来的，但是这几天可热了。春天带着强烈的呼唤从这头走到那头……

小城里被杨花给装满了，在榆树

还没变黄之前，大街小巷到处飞着，

像纷纷落下的雪块……

春来了，人人像久久等待着一个

大暴动，今天夜里就要举行，人人带

着犯罪的心情，想参加到解放的尝

试……春吹到每个人的心坎，带着呼

唤，带着蛊惑……

◎ **伴我朗读**

　　本文描写了充满生机的春天的情景，钻出地面的小草、奔放解冻
的流冰、棉花似的杨花……这一切都在宣告，大自然的春天来临了。

45. 腊 叶（节选）

鲁 迅

灯下看《雁门集》，忽然翻出一片压干的枫叶来。

这使我记起去年的深秋。繁霜夜降，木叶多半凋零，庭前的一株小小的枫树也变成红色了。我曾绕树徘徊，细看叶片的颜色，当它青葱的时候是从没有这么注意的。它也并非全树通红，最多的是浅绛，有几片则在绯红地上，还带着几团浓绿。一片独有一点蛀孔，镶着乌黑的花边，在红、黄和绿的斑驳中，明眸似的向人凝视。我自念：这是病叶呵！便将它摘了下来，夹在刚才买到的《雁门集》里。大概是愿使这将坠的被蚀而斑斓的颜色，暂得保存，不即与群叶一同飘散吧。

🔵 **伴我朗读**

　　夹在书中的腊叶，勾起了作者的遐想和回忆。随着时间的推移，物是人非，腊叶斑斓的颜色已经不复存在，而作者的心境也好像那腊叶一样在干枯、褪色。

46. 照镜子

金 波

镜子里映出了我和妈妈的脸，我在哭，她在笑。

那是因为我在客人面前唱一首歌的时候，竟忘记了歌词。我窘极了。

而后我又受到了小伙伴的讪笑。于是我跑出了房门，伏在台阶上哭起来。

妈妈跟了出来，把我抱到镜子前面。

我望着镜子，好像第一次发现，我的妈妈是这样年轻美丽而温柔。她的眼睛闪着光，她微笑着，像一朵花。

我把脸贴在她的脸上。

两张脸映在镜子里：我在哭，她在笑。

我流泪的眼睛暗淡无光，像两泓清亮的泉水变得浑浊了；花一样的脸，罩上了一层灰蒙蒙的雾。

我闭上了眼睛，不愿看镜子里那个爱哭的孩子。

"孩子在笑的时候，才像一朵花。你看，哭有多么难看！"妈妈的话又让我睁开了眼睛。

wǒ xiào le　　mā ma yě xiào le
我笑了，妈妈也笑了。

cóng nà jìng zi lǐ　　wǒ dì yī cì rèn shi le mā ma
从那镜子里，我第一次认识了妈妈。

cóng nà jìng zi lǐ　　cóng mā ma de xiào liǎn shàng
从那镜子里，从妈妈的笑脸上，

wǒ jì zhù le　　wǒ yǒng yuǎn bù gāi nuò ruò de kū qì
我记住了：我永远不该懦弱地哭泣。

◎ **伴我朗读**

　　文中的"笑"代表的是面对挫折时的从容和坚强。孩子从妈妈的笑中，从妈妈的话语中，明白了不该做懦弱哭泣的孩子，而要学会乐观地面对生活。

47. 金香木花

〔印度〕泰戈尔

如果我闹着玩儿，变成一朵金香木花，长在那树的高枝上，在风中笑得摇摇摆摆，在新生嫩叶上跳舞，妈妈，你认得出是我吗？

你会叫唤："孩子，你在哪儿啊？"我要暗自好笑，一声也不吭。

我要暗暗展开花瓣，看着你工作。

你洗澡之后，湿发披在两肩，穿过金香木花的阴影，走到小院子里去祈祷时，你会闻到花香芬芳，可你不知道这芳香是从我身上发出来的。

午餐之后，你坐在窗边读《罗摩衍那》，树影落在你的头发与膝头上时，我要把我小而又小的影子投在你的书页上，就投在你正在阅读的地方。

可你会猜到这就是你的小孩子那小而又小的影子吗？

黄昏时分，你手中掌着点亮的灯，走到牛棚里去，我要突然再落到地上，重新成为你的孩子，求你给我讲个故事。

nǐ zhè wán pí hái zi　　nǐ shàng nǎ er qù le
"你这顽皮孩子，你上哪儿去了？"

mā ma　　wǒ cái bú gào su nǐ ne　　zhè
"妈妈，我才不告诉你呢。"这

jiù shì wǒ yào tóng nǐ shuō de huà le
就是我要同你说的话了。

　　文中的"金香木花"是"最美丽"的花，作者借此赞美孩子的可爱；"金香木花"也是"最圣洁"的花，那金黄的颜色折射出母爱的光辉。花儿惠及人们，则象征了孩子回报母亲。

48. 让猫抓不到老鼠

〔苏联〕苏霍姆林斯基

妈妈给小奥莉娅念故事书。书里讲的都是些神奇的事物。

有一只小老鼠。有一天她从自己的洞里钻出来玩。一只长着胡子的猫向她追来。小老鼠害怕了，逃到了洞里。小老鼠蹲在洞里，吓得直哆嗦。猫在洞的附近守着。

故事到这里就结束了。

奥莉娅问妈妈：

"妈妈，后来怎么样了？猫没有抓到老鼠吗？"

"不知道，"妈妈回答，"猫在洞外等着，而老鼠在洞里。"

夜里。大家都躺下睡了。妈妈把关于猫和老鼠的书放在桌上。

可奥莉娅睡不着。她想："小老鼠就在这本书里，她要是从书里跳出来一跑，长着胡子的猫就会抓到她。"

她悄悄从床上爬起来，拿起关于小老鼠的书，把它藏在了柜子里。这样猫就抓不到老鼠了。

◎ 伴我朗读

　　作者以富有童真的笔触呈现了一个富有童趣的小故事，让我们感受到作者对儿童的喜爱，以及对生活的热爱。

49. 小人书（节选）

周作人

这一种书在北方习惯叫"小人书"，不晓得这里是什么名称，在路上却是时常看见，根本和北方是一样的。马路边上摆设一个摊，放着许多横长的小册子，八分图画，两分文字，租给人看，看的人偶然也有大人，但十九都是小孩，所以称作小人书确是名副其实的。

我每次看见时总不免发生感慨，

这如演说滥调所说的有两个感想：其一是小孩们这样喜欢看书，很是可喜；其二则是大人们的惭愧，我们不曾有什么好书做出来给他们看。

神仙妖怪、英雄强盗、才子佳人的故事，古今来写了不少，自然，不能算好，可是现在没有更好的。

◎ 伴我朗读

作者由路边小摊上卖的小人书引发感想，既因为孩子们喜欢看书而喜，又因为不能给孩子们提供更多的好书而有惭愧之情。

50. 画小人书 （节选）

周作人

小人书的意义真是重大得很，

特别在这时候，小孩们的需求也很

大，只可惜没有足够的好书来供给

他们。编是自己知道才力不及，没

有经验，而且现在有齐公等人在那

里，怎么掰得上旁去。倒是画的方

面看了时常动念，若是能来画它几张

岂不很好，结果自然是力不从心，

想过只好放下，不过这放下了还要

想起，与别的事情不同。

历史画与风俗画都要预备知识，专来画些小人儿，不要像个缩小的大人，在江湖上经过许多风波，脸上没有多大表情的，却是幼小天真的小男女，眼睛里还没有映射出人世悲哀之光的半超自然的生物，那该是多么好玩呀。这种画虽是少，世间总还是有的，我真真悔不该没好好地学画，不然就是临也可以临几张出来，岂不是于人于己都有益的事么。

◎ **伴我朗读**

在作者眼里，小人书的意义非常重大，他由孩子们读小人书而想到画小人儿，却又因为自己没好好学画画而悔恨。

51. 柏树和松鼠

郭 风

那个时候，我们住在松坊村。

那个时候，我喜欢站立在门前的石阶上，观看站立小溪对岸一座丘岗上的一棵柏树，

——观看它在风中摇动。

我的爸爸告诉我：

那棵柏树有一双手套。当我去午睡的时候，它便把手套套在双手上，去捕捉树上太阳的影子，去捕

捉鸟和拉住吹过的风；

我的爸爸还告诉，

那棵柏树有一个口袋，里面

装着好多它结出的果实：柏枳。

当我去午睡的时候，便有松鼠

跳进它的口袋里，

——那松鼠在柏树的口袋里，

一只一只地剥吃柏枳，

高兴得不住地叫：

"吱！吱吱！"

🔊 伴我朗读

　　文章描写了作者在松坊村的童年回忆。通过作者恬淡自然的语言，我们仿佛看到了富有生命气息的松树和可爱的松鼠，仿佛看到了作者快乐的童年生活。

52. 一片阳光（节选）

林徽因

那里并没有几案花香，美术的布置，只是一张极寻常的八仙桌。如果我的记忆没有错，那上面在不多时间以前，是刚陈列过咸鱼、酱菜一类极寻常俭朴的午餐的。小孩子的心却呆了。或许两只眼睛倒张大一点，四处地望，似乎在寻觅一个问题的答案。为什么那片阳光美得那样动人？我记得我爬到房内窗前的桌子上坐着，有意无意地望望窗外，院里粉墙疏影同室内那片金色和煦绝然不同趣味。顺便我翻开手边娘梳妆用的旧式镜箱，又上下摇动那小排状抽屉，同那刻成花篮形小铜坠子，不时听雀跃过枝清脆的鸟语。心里却仍为那片阳光隐着一片模糊的疑问。

时间经过二十多年，直到今天，又是这样一泄阳光，一片不可捉摸，不可思议流动的而又恬静的瑰宝，我才明白我那问题是永远没有答案的。事实上仅是如此：一张孤独

的桌，一角寂寞的厅堂。一只灵巧
的镜箱，或窗外断续的鸟语，和水
珠——那美丽小孩子的病名——便凑
巧永远同初春静沉的阳光整整复斜
斜地成了我回忆中极自然的联想。

◎ 伴我朗读

　　文中，作者以细腻而丰富的感情抒写了阳光的美。这种独特的美
的情绪体验，长久地留在作者的记忆里，给她乐观地面对苦难的力量
和勇气。

53. 竹鸡们

郭 风

那个时候，

我和爸爸、妈妈，还有哥哥，一
起住在松坊村。这里只有三户人家，
我们住的屋子，屋顶盖着茅草，屋
后有大丛大丛的竹林。

我的爸爸告诉我：

那山岗上的竹林里，住着竹鸡
妈妈和她的一群孩子。

真的？

爸爸告诉我，

这一天早上，竹鸡妈妈带着她的孩子们经竹林里走出来。一路上，遇见穿山甲、鹧鸪，都向他们招手；他们走过竹林里的一条草径时，那些蚱蜢、瓢虫们都飞起来，向他们打招呼：

竹鸡妈妈和她的小竹鸡们。

随后走到丘岗上的一口小山塘边来。这里的青草开着鲜花，那黄红色的小花朵都向他们招手。他们也向花朵们点头。这时，竹鸡妈妈说：

"现在，

你们喝水吧！"

咕！咕咕！小竹鸡们都站在小山塘边，一口一口地喝起水来。山塘中有红色的小鲫鱼，看见小竹鸡们和他们的妈妈一起喝水，都游过来，噼啦噼呖地在水中跳跃，向他们打招呼；不一会儿，塘边草丛中间跳出一只青蛙，他向竹鸡妈妈和小竹鸡们叫：

"呱！呱呱！"

意思是说，我和你们一起玩，好不好？

◎ 伴我朗读

竹鸡妈妈和小竹鸡们游玩的路上欢快而有趣。作者运用拟人化的语言，让我们仿佛身临其境，跟随他一起体验松坊村的美好生活。

54. 榕 树

〔印度〕泰戈尔

喂，你站在池边的蓬头的榕树，

你可会忘记那小小的孩子，

就像那在你的枝上筑巢又离开了

你的鸟儿似的孩子？

你不记得是他怎样坐在窗内，

诧异地望着你深入地下的纠缠的

树根么？

妇人们常到池边，汲了满罐的

水去，

你的大黑影便在水面上摇动，

好像睡着的人挣扎着要醒来似的。

日光在微波上跳舞，好像不停不息的小梭在织着金色的花毡。

两只鸭子挨着芦苇，在芦苇影子上游来游去，

孩子静静地坐在那里想着。

他想做风，吹过你的萧萧的枝杈；

想做你的影子，在水面上，随了日光而俱长；

想做一只鸟儿，栖息在你的最高枝上；

还想做那两只鸭，在芦苇与阴影中间游来游去。

◎ 伴我朗读

　　在这首诗中，榕树成了那小小的孩子的朋友。诗人运用第二人称，生动地描写了那小小的孩子对榕树的依恋。

55. 大灰石头的歌

〔苏联〕苏霍姆林斯基

每天放学后，伊万和塔拉斯两个人总是一起走，但是他们只是一起走到一个大灰石头前就分手。这块石头不知从什么时候起就躺在了路边。

伊万从大灰石头那儿走向托普林街，而塔拉斯走向樱桃街。

从学校走到大灰石头要10分钟。在这段时间里可以讲个故事。两个孩子就轮流讲故事：一天伊万讲，另一天塔拉斯讲。

可今天的情况特殊：第五堂课上

伊万得了个2分，而第六堂课上塔拉斯得了个2分。两个孩子的本子上都给打了2分，而且还给家长写了意见：请注意。

　　两个朋友从学校出来，他们又伤心，又烦恼。今天本来该轮到塔拉斯讲故事，可他却默不作声。

　　已经到了大灰石头前了。

　　"我们一起走到托普林街吧！"伊万说。

　　"然后我们再到樱桃街。"塔拉斯说。

　　孩子们又一起继续走了。

◎ 伴我朗读

　　朋友，在你伤心难过的时候陪伴着你，在你需要的时候给予你力所能及的帮助。文中的伊万和塔拉斯便是这样一对互帮互助的好朋友！

56. 鸲鹆学舌

有一种叫鸲鹆的鸟，俗称八哥，出生在南方，南方人捕捉它并教它说话。时间长了，它能模仿人说话，然而只能模仿几句就停下了。整天所模仿的话，只是那几句而已。

有一只蝉在院子的树上鸣叫，鸲鹆听了便讥笑它只会鸣叫，不会学人类说话。蝉对鸲鹆说："你能模仿人说话，很好；然而你所说的，不曾有一句是表达自己心意的话，哪

里像我，自己叫的都是表达自己心
意的声音！"鸲鹆惭愧地低下了头，
到死也不再模仿人说话了。

🔴 **伴我朗读**

　　这则寓言告诉我们：不要一味地去模仿别人，而应该勇于表现
自己。

57. 牧人与海

有个牧羊人在海边的草地上放牧羊群，看见海宁静而温顺，便想去航海做生意。于是，他卖掉了羊群，买了些枣子，装船出发了。

不料海上刮起了大风暴，船将要沉下去，他只得忍痛把所装的货物全都抛到海里，才乘坐着空船幸免于难。很久之后，有人路过海边，偶遇海面很宁静，大为赞美。牧羊人却对他说："好朋友，大海又在想要枣子了，所以才显得如此宁静。"

——选自《伊索寓言》

◎ **伴我朗读**

这则寓言告诉我们：人们能从患难中学到知识。

58. 驮盐的驴

从前，有头驴驮着一袋盐过河，不小心摔了一跤，跌倒在水中，一袋盐也浸在了水里。当它又站起来时，感到浑身轻松多了。原来，在水中，大部分盐溶化了。驴特别高兴，驮着所剩无几的盐袋，轻快地跑到了目的地。过了几天，驴要驮着海绵过河，驴想：上次我不小心摔了一跤，结果减轻了许多重压。今天，我再跌倒站起来，一定会更

轻松许多。于是，驴就故意摔了一
跤。不料，这一回，海绵吸饱了水，
沉甸甸的。驴再也站不起来了，于
是，淹死在水里了。

——选自《伊索寓言》

◎ 伴我朗读

　　这则寓言告诉我们：做事要分析具体情况，不能只是依据自己的
经验行事。经验固然重要，但做事前一定要先看看情况，否则就容易
事倍功半，聪明反被聪明误！

59. 合唱队

〔俄〕克雷洛夫

左邻请右邻到家吃顿饭，他还有

另外一种打算：因为这位主人喜欢

唱歌，要吸引邻居来听听合唱。小

伙子们开口唱：各奏各的乐，各唱

各的调，每个人都用足力气，于是

客人的耳朵里一片乱哄哄的声音，

把客人直弄得头昏脑晕。

"你就饶了我吧！"客人吃惊地

叫道，"这有什么好欣赏的？你的

hé chàng duì jiǎn zhí shì luàn jiào luàn hǎn
合唱队简直是乱叫乱喊！"

dí què bú cuò　　zhǔ rén jī dòng de huí dá
"的确不错。"主人激动地回答。

tā men chàng de suī rán yǒu diǎn zǒu diào　　kě shì tā
他们唱得虽然有点走调，可是他

men yì dī jiǔ dōu bù cháng　　tā men gè gè dōu pǐn xíng
们一滴酒都不尝，他们个个都品行

duān zhèng　　dàn shì wǒ shuō　　jiǔ dào bù fáng yì cháng
端正。但是我说：酒倒不妨一尝，

zhǐ yào rèn zhēn yǎn chàng
只要认真演唱。

◎ 伴我朗读

　　这则寓言故事告诉我们：不论从事什么职业，都要做好自己的本职工作。

60. 农夫与鹰

农夫发现一只鹰被捕兽夹夹住了，他见鹰十分美丽，惊讶不已，于是便把鹰放了，鹰表示永不忘他的恩德。有一天，鹰看见农夫坐在将要倒塌的墙下，就立刻朝下飞去，用脚爪抓起他头上的头巾。农夫站起来去追，鹰立即把头巾丢还给他。农夫拾起头巾后，回过头来一看，却发现在他刚坐过的地方，墙已倒塌了。他对鹰的报恩十分感动。

——选自《伊索寓言》

◎ 伴我朗读

这则寓言告诉我们：做人一定要知恩图报，做了好事一定会得到好报的。

61. 老鼠开会

〔俄〕列夫·托尔斯泰

因为一只猫，老鼠感到没法过日子，因为每天总有两三只老鼠被猫吃掉。一次，老鼠集合起来，商量怎样避开那只猫。大家左思右想，总想不出办法来。

有只小老鼠说："我来告诉你们怎样避开那只猫吧。我们被猫咬死，都是因为不知道它什么时候跑到我们身边来。要是拿个小铃儿挂在猫的脖子上就好啦，因为铃儿会丁零丁零地响。它一走近我们，我们听到铃声，就可以赶快躲开了。"

"好是很好"，一只年纪大的老鼠说，"可是该派谁去呢？是你出的好主意，就请你把小铃儿挂在猫的脖子上吧，将来我们会感谢你的。"

◎ 伴我朗读

　　老鼠们开会商量怎样才能避免被猫吃掉，一只小老鼠建议在猫的脖子上挂上小铃铛，可这件事的难度太大了。这只可怜的小老鼠能完成任务吗？它会被猫吃掉吗？

62. 玩滑梯的小星星

张秋生

小刺猬坐在田埂上。他仰面朝天，看着满天繁星——

他看到天边有两颗星在一亮一亮地闪烁着。他知道，那是两颗小不点儿星星在聊天。

他还看到，银河里有那么多的小星星在洗澡，小刺猬仿佛听到了星星们的笑声、歌声和流水的哗哗声。

突然，一颗流星划过天空。小刺猬哭了起来。

妈妈问他为什么哭，小刺猬说：
"有一颗星星小弟弟掉下来了，他
会摔痛的。"

"哦。"妈妈看了一下夜空，她
说，"傻孩子，哪里是星星摔下来，
那是顽皮的星星小弟弟在玩滑梯，
他一下子滑得好远，你没听到他的
笑声吗？"

"是吗？是他在玩滑梯吗？"小
刺猬挂满泪珠的脸笑了，就像他自
己也在玩滑梯一样。

◎ 伴我朗读

　　这篇小童话充满趣味和快乐，作者运用拟人化的手法，赋予小刺
猬和星星人的感情，形象而逼真。

63. 调皮的小偷

张秋生

清晨，小熊大吃一惊。

他看着窗外说："是谁把我院子里的鲜花偷走了？它们昨晚还在呢。

是谁搬走了我院里的篱笆墙？那是我费了好大的劲才编好的。篱笆墙外的大枇杷树也消失了，那上面还结着黄黄的枇杷呢！"

小熊推开窗子，说：

"是哪个可恶的小偷……"

zhè shí　　cóng chuāng wài piāo lái　yì　gǔ nóng nóng shī shī
这时，从窗外飘来一股浓浓湿湿

de　wù
的雾。

wù shuō　　　　shì wǒ ràng zhè yí qiè biàn de wú yǐng
雾说："是我让这一切变得无影

wú zōng de　　　wǒ shì tiáo pí de wù　　guò yí huì wǒ
无踪的，我是调皮的雾。过一会我

huì bǎ tā men dōu guī huán gěi nǐ de
会把它们都归还给你的！"

◎ 伴我朗读

　　这篇童话虽然文字比较简洁，但所表现出来的场景内涵却十分丰富，使读者眼前就像有一幅短短的画卷在缓缓地展开，十分真切、自然。

64. 五个脑袋的小鱼

张秋生

大海妈妈有许多娃娃。

他们是一朵又一朵、一群又一群的小浪花。

小浪花是一群调皮的娃娃，他们手拉手，一齐喊着口令：

"哗啦，哗啦，向着海滩冲啊！"

每当浪花跑远了，大海妈妈就会把他们拉回怀里。可是有一朵小浪花特别调皮，他没跟大伙儿跑回大海妈妈的怀抱，他一直冲到了一个小男孩的脚下。

大海妈妈问他为什么跑那么远，小浪花说："我要亲亲那个小男孩的脚丫，那小男孩的两只脚丫，像两条有着五个脑袋的鱼！"

"有着五个脑袋的鱼？"小浪花们都笑了。他们又一起冲向海滩，他们也要亲亲那两条有着五个脑袋的小鱼……

◎ 伴我朗读

　　在作者笔下，小浪花成了调皮的娃娃，小男孩的脚丫成了长着五个脑袋的小鱼。通过童话故事里简约的场景，作者对生活的爱和理解得到生动的诠释。

65. 为什么要说"谢谢"

〔苏联〕苏霍姆林斯基

在林中小道上走着两个人——爷爷和小男孩。天很热，他们多么想喝口水啊。

旅行者走到一条小河旁。清凉的河水发出轻轻的潺潺声。他们弯下身子，喝了起来。

"谢谢你，小河。"爷爷说。

男孩笑了起来。

"您为什么要对小河说'谢

谢'？"他问爷爷，"要知道小河

不是活人，它听不到您的话，也不

会接受您的感谢。"

　　"是这样：如果狼喝了小河的

水，它是不会说'谢谢'的；而我

们不是狼，我们是人。你知道为什

么人要说'谢谢'了吗？好好想一

想谁需要这个词。"

　　　小男孩沉思起来了。他还有的是

时间，他的路还很长很长……

◉ 伴我朗读

　　本文通过爷爷与小男孩的对话，告诉我们一个道理：做人要有一
颗感恩的心。

66. 找 汗

佚 名

小花猫看见人头上有汗珠，觉得奇怪："咦，我头上怎么没汗呢？"

它去问老牛，老牛指着自己汗津津的鼻子说："汗嘛，在鼻子上。"

小花猫摸摸鼻子，没汗！它再去问小马。

小马在凉快的地方打滚。它指着自己的身体说："汗嘛，在身上。"

小花猫舔舔全身，没汗！它又去问黄狗。

huáng gǒu zhèng tǔ zhe shé tou chéng liáng　　tā shuō
黄狗正吐着舌头乘凉。它说：

hàn ma　　zài shé tou shàng
"汗嘛，在舌头上。"

xiǎo huā māo kàn bú jiàn zì jǐ de shé tou　　jiù qǐng
小花猫看不见自己的舌头，就请

xiǎo zhū kàn
小猪看。

xiǎo zhū xiào le　　nǐ yòu bú shì gǒu　　hàn zěn
小猪笑了："你又不是狗，汗怎

me huì zài shé tou shàng
么会在舌头上？"

xiǎo zhū bǎ zì jǐ de jiǎo zhǎng fān kāi　　yòu jiào xiǎo
小猪把自己的脚掌翻开，又叫小

huā māo bǎ jiǎo zhǎng fān kāi　　hā hā　　tā men
花猫把脚掌翻开。"哈哈！"它们

liǎng gè dōu dà xiào qǐ lái　　yuán lái　　wǒ men de
两个都大笑起来，"原来，我们的

hàn cáng zài zhè er ne
汗藏在这儿呢！"

◎ 伴我朗读

　　故事讲的是小花猫分别向老牛、小马、黄狗、小猪询问自己身体出汗的部位的过程，从中我们可以了解到牛、马、狗、猪、猫这五种动物排汗的不同特点。

95

67. 大的和小的

〔苏联〕苏霍姆林斯基

奶牛雷斯卡生了一头小牛犊。小牛犊身上的乳毛还没干就已经尥起了蹶子。他偎依在母亲的怀里，喝完奶，就想去溜达溜达。

他走在院子里，看到一只小动物。小牛犊碰了碰小动物。她身上的毛软软的。

"你是谁？"小牛问。

"我是一只老兔子。"小动物回答。

"那你也有孩子吗？"

"有，有。他们是快乐的、毛茸茸的小兔。那你又是谁呢？"

"我是一头小牛犊，刚刚生出来的。"

"简直是奇迹！刚生下来就有这么大个儿了。"兔子很惊讶。

"那么，你是只老兔子，连孩子都有了，怎么才这么小？"小牛犊也很惊奇。他在心里暗暗对自己说道："事情怎么会这么奇怪呢？年老的，个子小；年龄小的，却是个大个子。这奇妙的生活真让人弄不明白。"

◎ 伴我朗读

苏霍姆林斯基被人们称为"教育思想泰斗"，他的书被称为"活的教育学""学校生活的百科全书"，他所领导的帕夫雷什中学被列为世界上最著名的实验学校之一。

68. 笋娃娃

彭万洲

春雨下起来了，沙沙沙，沙沙沙……

一个笋娃娃从泥土里钻出来，大声叫着："妈妈，我在这儿呢！"

一个笋娃娃从草丛中冒出来，大声喊着："妈妈，我在这儿呢！"

竹子妈妈笑了。它数哇数哇，身边的娃娃越来越多啦！

"呜——呜——"石块下有个小

xiǎo de sǔn wá wa kū le　　zhú zi mā ma gǔ lì tā
小的笋娃娃哭了。竹子妈妈鼓励它

shuō　　　hái zi　yǒng gǎn xiē　　nǔ lì xiàng shàng ba
说："孩子，勇敢些，努力向上吧！"

sǔn wá wa men yě jiào hǎn zhe　　　jiā yóu　jiā yóu
笋娃娃们也叫喊着："加油！加油！"

shí kuài xià de sǔn wá wa tàn chū tóu　　xié zhe shēn
石块下的笋娃娃探出头，斜着身

zi xiàng shàng zuān　　　wā　　shí kuài bèi jǐ dào yì biān qù
子向上钻。哇，石块被挤到一边去

la　　sǔn wá wa áng qǐ tóu　　tǐng zhí yāo　　gāo xìng de rǎng
啦！笋娃娃昂起头，挺直腰，高兴地嚷

zhe　　　mā ma　　mā ma　　wǒ zài zhè er ne
着："妈妈，妈妈，我在这儿呢！"

chūn tiān de zhú lín lǐ　　dào chù dōu shì xiàng shàng
春天的竹林里，到处都是向上

cuān de sǔn wá wa
蹿的笋娃娃。

◎ 伴我朗读

　　这个故事讲的是笋娃娃在春天破土而出时的情景，我们要学习春笋不怕困难、顽强向上的生命力。

69. 再见，蜻蜓老师

张秋生

一只坐不住的小浣熊在河边钓鱼。

他钓了半天，连一条小鱼也没钓着。

妈妈说他太爱动了，鱼儿都被他吓跑了。可是有什么用呢，小浣熊就是爱动，也许他会永远钓不到鱼的。

就在小浣熊又一次把钓竿伸向河心时，发生了一件奇妙的事情。

一只红红的小蜻蜓飞来了，她飞得那么轻盈，悄无声息地停落在小浣熊钓竿的尖尖上，一动也不动。

她那透明的翅膀，她那圆鼓鼓的脑袋，她那细长的身子一动也不动，仿佛她原先就是长在钓竿顶上的。

小浣熊屏住气，也一动不动，生怕把小蜻蜓惊飞了。

不知过了多长时间，小蜻蜓早已经悄悄飞走了，可是小浣熊还是静静地坐着——

这时，河里的浮标动了，动了……

小浣熊把钓竿一甩，一条银白色的鱼儿在半空中扑腾着。

这一天，小浣熊钓到好多的鱼，妈妈来叫他回家的时候，望着满桶的鱼，吃了一惊。妈妈问他是怎么回事，小浣熊笑了，他说："我找到了一位老师。"

这时，天已黄昏，晚霞映照在河上，小浣熊向正在河心飞着的小蜻蜓招招手说：

"再见了，我的蜻蜓老师！"

⊙ 伴我朗读

这篇童话在讲述故事的同时，也向读者讲述了人生的智慧：不管做什么事情，一定要有耐心，要有持之以恒的精神。

70. 大萝卜

〔苏联〕阿·托尔斯泰

一个老头儿种下了萝卜，对它说："长大呀，长大呀，萝卜啊，长得甜哪！长大呀，长大呀，萝卜啊，长得结实啊！"

一个萝卜长出来了，长得又甜又结实，又大得了不得。老头儿就去拔萝卜：他拔了又拔，拔不出来。

老头儿把老婆儿叫来。

老婆儿拉老头儿，

老头儿啊拔萝卜——

他们拔了又拔，拔不出来。

老婆儿把孙女儿叫来。

孙女儿拉老婆儿，

老婆儿拉老头儿，

老头儿啊拔萝卜——

他们拔了又拔，拔不出来。

孙女儿把小狗儿叫来。

小狗儿拉孙女儿，

老婆儿拉老头儿，

老头儿啊拔萝卜——

他们拔了又拔，拔不出来。

小狗儿把小猫儿叫来，

小猫儿拉小狗儿，

小狗儿拉孙女儿，

孙女儿拉老婆儿，

lǎo pó er lā lǎo tóu er
老婆儿拉老头儿，

lǎo tóu er a bá luó bo
老头儿啊拔萝卜——

tā men bá le yòu bá　bá bù chū lái
他们拔了又拔，拔不出来。

xiǎo māo er bǎ xiǎo hào zi jiào lái
小猫儿把小耗子叫来。

xiǎo hào zi lā xiǎo māo er
小耗子拉小猫儿，

xiǎo māo er lā xiǎo gǒu er
小猫儿拉小狗儿，

xiǎo gǒu er lā sūn nǚ er
小狗儿拉孙女儿，

sūn nǚ er lā lǎo pó er
孙女儿拉老婆儿，

lǎo pó er lā lǎo tóu er
老婆儿拉老头儿，

lǎo tóu er a bá luó bo
老头儿啊拔萝卜——

tā men bá le yòu bá　luó bo bá chū lái le
他们拔了又拔——萝卜拔出来了。

◎ 伴我朗读

　　地里长出了一个特别大的萝卜，可是单凭老爷爷一个人的力量是拔不出来的。于是，老爷爷、老奶奶、孙女儿、小狗、小猫和小耗子团结一心，一起用力拔出了大萝卜。这个故事告诉我们：一个人的力量是有限的，集体的力量是伟大的。

71. 找珍珠

王若英

荷花妹妹有三颗晶莹的珍珠，她可喜欢啦！

清风吹，荷叶摇，叮咚一声，一颗珍珠滑下河，溅起一朵小水花。

河水忙掀起浪花，帮着荷花妹妹找珍珠。

河水没找着，请小鱼帮着找，小鱼潜到水底找呀找，还是没找着。

太阳出来了，荷花妹妹请太阳公

公帮着找，太阳说："让我瞧瞧珍珠是啥模样。"

荷花妹妹把珍珠给太阳公公细细瞧，奇怪，珍珠"冒烟"了，没了。荷花妹妹哭了。

太阳不知道珍珠是怎么不见的，觉得很对不起荷花妹妹，就让小青蛙请月亮姐姐找珍珠，月亮笑着说："不用找，珍珠会回来的。"

天黑黑，夜凉凉，珍珠回来啦！荷花妹妹笑啦！

荷花妹妹高兴地说："谢谢月亮姐姐送回珍珠，我一定不让珍珠再

diū le
丢了。"

yuè liang xiào zhe wèn qīng wā　　　　　hé huā mèi mei shuō
月亮笑着问青蛙："荷花妹妹说

de duì bú duì
得对不对?"

　　这个故事讲的是荷花妹妹有三颗珍珠,其中一颗珍珠滑下河,剩下的珍珠被太阳公公瞧没了。荷花妹妹很伤心,而月亮姐姐把珍珠送了回来。这个故事告诉我们:文中的"珍珠"就是露水,露水出现在夜晚,白天会蒸发掉。

72. 星妈妈和小豆豆星

张秋生

星妈妈和她的孩子小豆豆星住在高高的天空里。他们白天睡觉，晚上出来活动。星妈妈喜欢织毛衣，她在夜空里织啊，织啊，织出好多漂亮的云朵，让它们在天空中飘。

小豆豆星呢，没事干就整夜整夜练数数，他不停地数地面上的树、房子和小池塘。

一天，星妈妈又在织毛衣，织着织着她打起了瞌睡。这时，小豆豆星就停止了数数，独自悄悄溜到了地面上。他打着一盏小灯笼东照照西看看。

他瞧见一只小松鼠睡在树洞里。小松鼠张开小嘴巴，打着呼噜，模样儿挺可爱。

他瞧见一只小刺猬睡在草丛里，正在做着梦，笑得甜甜的。

他还看见一只小兔盖着小被子，睡得很安详。兔子还把一只小脚伸到了被子外面，他的小脚趾头，在一下一下地动着呢……

小豆豆星飞回到妈妈的身边，这

时天慢慢发亮，他们该回家睡觉了。

　　小豆豆星对妈妈说：“妈妈，等会儿我睡着了，你看看我是什么样子的好吗？”

　　　“当然可以。”星妈妈挽着豆豆星的小手往前走，她说：“你睡着的样子，一定是非常非常可爱的……”

◎ **伴我朗读**

　　这篇童话故事蕴含着一种温暖的情思，通过星妈妈和小豆豆星的对话，可以感受到父母与孩子之间的深情。

73. 青蛙看海

佚 名

青蛙长期生活在湖边，很想看看大海。苍鹰对它说："喏，只要登上前面那座山，就能看到大海了。"

"天哪，这么高的山！"青蛙吸了口凉气，"我没有一双像你一样有力的翅膀，也没有四条善跑的长腿，怎么上得去呢？"

"是啊，这山是太高了。不过你不登上山顶，怎么能看到大海呢？"

苍鹰说完就展翅飞走了。

青蛙很失望。这时，一只松鼠跳到它面前："你想看海吗？"

"是啊，可是这山太高了，我上不去。"

"这石阶你能跳上去吗？"松鼠说着，跳上了一个台阶。

"这有什么难的！"青蛙跟着也跳了上去。

"再跳一下！"

青蛙又上了一个台阶。

"好！你一定能看到大海。"松鼠说。

就这样，青蛙跟着松鼠一级

一级地往上跳，累了在草丛中

歇一会儿，渴了喝点山泉水。

不知不觉，它们已经跳完了石

阶，到达了山顶。

啊！大海就展现在它们眼前。

◎ 伴我朗读

　　这个故事讲的是长期生活在湖边的青蛙，很想看看大海，它先是得到苍鹰的指点，之后又跟着松鼠一个台阶一个台阶地跳，最后终于到达山顶，看到了大海。

74. 一双鞋

林 林

小猫咪咪捡到一双鞋。

公鸡在刨土捉虫子，咪咪问：

"这双鞋是您丢的吗？"

公鸡说："我爪子硬，穿上鞋
就不好刨土捉虫子了。"

灰鸭在河边游水，咪咪问："这
双鞋是您丢的吗？"

灰鸭说："我脚上有蹼，穿上
鞋就不好划水了。"

咪咪去问壁虎:"您丢鞋了吗?"

壁虎说:"我不能穿鞋,我脚上有吸盘,穿上鞋就不能爬墙了。"

咪咪找不到失主,便自己穿上了这双鞋。

一只老鼠偷油吃,咪咪急忙跳过去捕捉。

老鼠听到响声,很快爬上柱子,向屋梁上逃跑。咪咪爬上柱子追老鼠,咕咚一声跌了下来。

猫妈妈扶起咪咪,告诉它:"我们脚上有硬爪、肉垫,逮老鼠方便,不能穿鞋。"

咪咪终于找到了失主，是一个小娃娃丢的。娃娃穿上鞋，快活地跳起舞来。

◎ 伴我朗读

　　小猫咪咪捡到一双鞋，在为鞋子寻找主人的过程中，它知道了不同动物的爪子或者脚的作用是不同的。公鸡的爪子能刨土捉虫子，灰鸭的蹼能划水，壁虎的脚能爬墙，猫的脚能逮老鼠。

75. 云房子

曹文轩

刚刚下了一场雨，太阳公公还来不及把云全收回去，有一些就留在天上了。

一群小鸟飞过来，它们说："哇，这么多白云！我们来造云房子。"不一会儿，云房子造好了：有的像大冬瓜那样傻傻地横着，有的像花儿那样美美地开着。有很高的大楼房，有很宽的大礼堂，也有一点点小的，小得只可以住进一只小麻雀。

小鸟们开心极了，它们从这幢云房子里飞出来，又向那幢云房子飞过去。

叽叽喳喳叽叽喳。你到我的房子里来作客，我到你的房子里去玩耍。

忽然，呼啦啦吹来一阵风。咦？云房子变小了，云房子不见了。云房子哪儿去啦？

没有了，没有了。天空像洗过一样干净，只剩下一个笑眯眯的太阳和一片水汪汪的蓝天。

◎ **伴我朗读**

这个故事讲的是雨后天空的白云有各种神奇的形状，小鸟们在云房子里飞过来飞过去，十分开心。后来，一阵风吹过，云房子不见了。

76. 小动物过冬

佚 名

qīng wā　xiǎo yàn zi hé xiǎo mì fēng shì hǎo
青蛙、小燕子和小蜜蜂是好

péng you　　tā men cháng cháng zài yì qǐ chàng gē tiào
朋友。它们常常在一起唱歌跳

wǔ　　rì zi guò de hěn kuài lè
舞，日子过得很快乐。

qiū fēng guā qǐ lái le　tiān qì jiàn jiàn liáng le
秋风刮起来了，天气渐渐凉了。

yì tiān　qīng wā　xiǎo yàn zi　xiǎo mì fēng jù dào
一天，青蛙、小燕子、小蜜蜂聚到

yì qǐ shāng liang guò dōng de shì
一起商量过冬的事。

yàn zi shuō　　dōng tiān kuài yào lái le　chóng zi
燕子说："冬天快要来了，虫子

yě kuài méi la　wǒ yào fēi dào nán fāng qù　nà er
也快没啦。我要飞到南方去，那儿

nuǎn huo　hái yǒu hěn duō chóng zi　děng míng nián chūn nuǎn
暖和，还有很多虫子。等明年春暖

花开的时候，我再飞回来。"

燕子接着问小青蛙："青蛙哥哥，你不是也吃虫子吗？可你不会飞，怎么到南方去呢？"

小青蛙说："我不到南方去，就在这里过冬。我准备吃得饱饱的，过两天钻到泥土里去，好好睡上一大觉。等到来年春天，再出来找虫子吃。"

燕子又问小蜜蜂："蜜蜂妹妹，冬天地上都是冰雪，没有鲜花，你怎么生活呢？"

小蜜蜂说："我早就采了很多蜜，藏在蜂巢里，够吃上一个冬天的。"

它们商量好了，约定第二年春天还在这里相见。

◎ 伴我朗读

　　这个故事讲的是青蛙、小燕子、小蜜蜂一起商量过冬的事。小燕子要飞到温暖的南方去，小青蛙要冬眠，而小蜜蜂则是藏在蜂巢里吃蜂蜜。这让我们了解了不同小动物过冬的不同方式。

77. 荷叶伞

杨红樱

风来了，雨来了，青蛙都躲到荷叶下面去了。每只青蛙的头上都有一把荷叶伞。

雨点打在荷叶上，嗒嗒地响，像欢乐的鼓点。青蛙们在荷叶伞下好快活，和着欢快的节奏，跳起了欢乐的舞。

小狐狸淋着雨从荷塘边跑过，一只青蛙叫住了他："小狐狸，这把伞借给你！"

小狐狸打起了荷叶伞。雨点打在荷叶上，嗒嗒地响，像欢乐的鼓点。

小狐狸在伞下好快活，和着欢快的节奏，跳起了欢乐的舞。

两只小白兔淋着雨从荷塘边跑过，一只青蛙叫住了她们："小白兔，这把伞借给你们！"

两只小白兔打起了荷叶伞。雨点打在荷叶上，嗒嗒地响，像欢乐的鼓点。两只小白兔和着欢乐的鼓点，跳起了欢乐的舞。

热情大方的青蛙们，还把荷叶伞借给了小鸡、小猫和小狗。雨中，

dào chù dōu yǒu dǎ zhe hé yè sǎn de xiǎo dòng wù dào
到 处 都 有 打 着 荷 叶 伞 的 小 动 物 ， 到

chù dōu yǒu huān lè de gǔ diǎn dào chù dōu yǒu huān lè
处 都 有 欢 乐 的 鼓 点 ， 到 处 都 有 欢 乐

de wǔ dǎo
的 舞 蹈 。

◎ 伴我朗读

　　这个故事讲的是风雨中小青蛙给小狐狸、小白兔等送荷叶伞。雨中，到处都有打着荷叶伞的小动物，到处都充满了欢乐。我们要学习小青蛙乐于助人的品格。

78. 没牙齿的大老虎

冰 子

dà lǎo hǔ de yá chǐ zhēn lì hai
大老虎的牙齿真厉害。

dà jiā dōu hài pà lǎo hǔ　　zhǐ yǒu hú li shuō
大家都害怕老虎，只有狐狸说：

wǒ bú pà　　wǒ hái néng bǎ lǎo hǔ de yá chǐ quán
"我不怕，我还能把老虎的牙齿全

bá diào ne
拔掉呢。"

dà jiā shuí yě bú xiāng xìn　　dōu shuō hú li chuī niú
大家谁也不相信，都说狐狸吹牛。

hú li zhēn de qù zhǎo lǎo hǔ le　　tā dài le
狐狸真的去找老虎了。他带了

yí dà bāo lǐ wù　　à　　zūn jìng de dà wáng
一大包礼物："啊，尊敬的大王，

wǒ gěi nǐ dài lái le shì jiè shàng zuì hǎo chī de dōng
我给你带来了世界上最好吃的东

xi　　táng
西——糖。"

糖是什么？老虎从来没有尝过。

他吃了一粒奶油糖，啊哈，好吃极了。

狐狸就常常送糖来。老虎吃了一粒又一粒，连睡觉的时候，也把糖含在嘴里呢。

大老虎的好朋友狮子劝他说，糖吃得太多，又不刷牙，牙齿会被蛀掉的。

大老虎正要刷牙，狐狸来了："啊，你把牙齿上的糖全刷掉了，多可惜呀。"

馋嘴的老虎听了狐狸的话，不刷牙了。

过了些时候，半夜里，老虎牙痛

了，痛得他捂住脸哇哇地叫……

老虎忙去找牙科医生马大夫：

"快，快把我的牙拔了吧！"

马大夫一听要给老虎拔牙，吓得门也不敢开了。

老虎又去找牛大夫，牛大夫也忙说："我……我不拔你的牙……"

驴大夫更不敢拔老虎牙了。

老虎的脸肿起来了，痛得他直叫喊："谁能把我的牙拔掉，我就让谁做大王。"

这时候，狐狸穿着白大衣来了："我来拔吧。"老虎谢了又谢。

"哎哟哟，你的牙全被蛀掉了，得全拔掉！"狐狸说。

"唉，只要不痛，就拔吧！"老虎哭着说。

嗬，狐狸把老虎的牙全拔掉了。

瞧，这只没有牙齿的老虎成了瘪嘴老虎啦。

老虎还挺感激狐狸呢，他说："还是狐狸好，又送我糖吃，又替我拔牙。"

◎ **伴我朗读**

　　聪明机智的小狐狸设计让凶猛的老虎迷恋上了吃糖，不久老虎的牙齿就因为吃糖太多而牙痛，四处求医却没有一位医生敢为老虎拔牙，最后是小狐狸帮老虎拔掉了全部的牙齿。

79. 离开妈妈的小黄鹂

芳 草

一只小黄鹂，第一次离开妈妈，自己出去捉虫子。

她飞了一整天，回到家里，妈妈问她看到些什么。

小黄鹂说："我只顾捉虫子，什么也没看到。"

妈妈停了停，说："孩子，我们要做的事多着呢，可不光是捉虫子啊。"

第二天傍晚，小黄鹂又飞回来了。

妈妈问她："今天你做了些什么？"

小黄鹂说："我看到一只白头翁，他真可怜，已经老得不能捉虫了。我把捉到的虫子送给了他。"

"我还到了森林医院，请来啄木鸟大夫，为邻居白杨树爷爷治好了病。"

"回来的路上，我还看到一只小百灵鸟。她的歌声真好听，我跟着学了半天。我想，将来我也许会唱得比她更好听。"

妈妈高兴地笑了。

◎ 伴我朗读

　　这个故事讲的是一只小黄鹂在妈妈的教育下，独自去捉虫，并把捉到的虫子送给白头翁，到森林医院请啄木鸟大夫为白杨树爷爷治病，跟小百灵鸟学唱歌。这个故事告诉我们：懂得关心周围的事情，关心别人，生活会变得更加丰富多彩。

80. 皮皮和汪汪

佚 名

河中心的小岛上，长着一棵高大的椰子树，树上结满了又大又圆的椰子。

小狗汪汪几次游到小岛上，望着那么多大椰子，馋得直流口水。它围着椰子树转来转去，可就是上不去。

小猴皮皮不会游泳，到不了岛上。它在岸边望着椰子树，急得抓耳挠腮。怎么办呢？皮皮和汪汪商量，一起去小岛上摘椰子吃。

汪汪让皮皮骑在自己背上，向小

岛游去。不一会儿，它们就登上小岛，来到了椰子树下。皮皮很快爬上树，对汪汪喊："准备好！接住！"

汪汪仰着头，大声回答："知道啦！扔吧。"

皮皮扔下一个又一个大椰子。汪汪接了一个又一个，连声说："够了，够了。"皮皮从树上唰地滑了下来。它俩坐在树下，一边笑着，一边品尝着美味的椰子。它们吃得饱饱的，肚子也像圆圆的椰子。

◉ 伴我朗读

故事讲的是小猴皮皮和小狗汪汪在摘椰子时都遇到了困难，后来它俩通过合作，各自发挥长处，终于摘到了椰子。这个故事告诉我们：应该学会与别人合作，善于取长补短。

朗读资料卡

27.古朗月行（节选）

李白（701—762）：唐代著名诗人。字太白，号青莲居士，被称为"诗仙"。祖籍陇西成纪。他的诗以抒情为主，表现出蔑视权贵的傲岸精神，以及对人民疾苦的同情。李白善于描绘自然景色，表达对祖国山河的热爱。存世诗文千余篇，有《李太白集》三十卷。

28.相　思

王维（701—761）：唐代著名诗人、画家。字摩诘，先世为太原祁（今山西祁县）人。其作品以山水诗最为后世所称赞，体物精细，状写传神。诗与孟浩然齐名，并称"王孟"。代表诗作有《相思》《山居秋暝》等。

29.偶　步

袁枚（1716—1797）：清代著名诗人、文学家。浙江钱塘（今杭州）人。诗多写"自得之性情"，以新颖灵巧见长而独具个性。又善文，骈散兼工。著有《随园诗话》《小仓山房集》等。

31.风

李峤（644—713）：唐代著名诗人。字巨山，赵州赞皇（今属河北）人。其诗讲求声律，多为咏风颂物之作。有集五十卷，已散佚。明人辑其诗为《李峤集》三卷。

33.登鹳雀楼

王之涣（688—742）：唐代著名诗人。字季凌，晋阳（今山西太原）人。他的诗用词十分朴实，造境极为深远，以善于描写边塞风光著称，意境雄浑。传世之作仅六首。《登鹳雀楼》和《凉州词》尤为有名。

36. 秋风引

刘禹锡（772—842）：唐代诗人、文学家、哲学家。字梦得，洛阳（今属河南）人。刘禹锡诗文俱佳，涉猎题材广泛。其诗雅健清新，善用比兴寄托手法，有"诗豪"之称。著有《竹枝词》《杨柳枝词》《乌衣巷》等名篇，诗文富有民歌特色，为唐诗中别开生面之作。

37. 绝　句

杜甫（712—770）：唐代著名诗人。字子美，自称少陵野老。祖籍襄阳（今属湖北），后徙巩县（今属河南）。与李白合称"李杜"，被后人称为"诗圣"，他的诗被称为"诗史"。其诗大胆揭露社会矛盾，对穷苦人民寄予深切同情。风格多样，而以沉郁为主。他创作了《春望》《北征》、"三吏""三别"等名作。有《杜工部集》。

38. 遗爱寺

白居易（772—846）：唐代著名诗人。字乐天，晚年号香山居士。祖籍太原。在文学上，他主张"文章合为时而著，歌诗合为事而作"，强调继承《诗经》"风雅比兴"的传统和杜甫的创作精神。白居易是新乐府运动的倡导者，其诗语言通俗。著有《白氏长庆集》。

41. 剪纸的日子

林海音（1918—2001）：台湾苗栗人，祖籍广东。著名作家。一生创作了多部长篇小说和短篇小说，其中小说《城南旧事》最为著名。

43. 一只小鸟

冰心（1900—1999）：原名谢婉莹，福建长乐人。现代作家、翻译家、诗人、儿童文学作家、社会活动家。主要作品有诗集《繁星》《春水》，散文集《还乡杂记》等。其通讯散文《寄小读者》是中国儿童文学的奠基之作。

46. 照镜子

金波：北京人。历任中国作家协会儿童文学委员会委员、儿童文学创作委员会主任、儿童文学作家等。著有多部诗集、散文集，童话集有《小树叶童话》《金波童话》《追踪小绿人》等。多篇作品被收入中小学语文和音乐课本。

47. 金香木花

泰戈尔（1861—1941）：印度作家、诗人。诗歌格调清新，具有民族风格，但又带有神秘色彩和感伤情调。代表作有《吉檀迦利》《飞鸟集》等。1913年，他以《吉檀迦利》获得诺贝尔文学奖。

48. 让猫抓不到老鼠

苏霍姆林斯基（1918—1970）：苏联著名教育家、思想家和作家。强调普通学校教育的目的在于培养全面和谐发展的人，重视劳动的教育作用。作品有《给教师的一百条建议》《把整个心灵献给孩子》《妈妈，我不是最弱小的》等。

51. 柏树和松鼠

郭风：著名作家。原名郭嘉桂，福建莆田人。著有童话集《木偶戏》，散文诗集《叶笛集》等。

59. 合唱队

克雷洛夫（1769—1844）：俄国著名的寓言家、作家。1806年开始写作，有两百多篇诗体寓言。他的作品主要借动物形象讽喻当时的社会，刻画人物性格。代表作有《大炮和风帆》《剃刀》《鹰与鸡》《快乐歌声》《受宠的象》等。

61. 老鼠开会

列夫·托尔斯泰（1828—1910）：19世纪中期俄国批判现实主义作家、思想家、哲学家。主要作品有长篇小说《战争与和平》《安娜·卡列尼娜》《复活》等。